1908 Décembre 21

415 Chambre des Commissaires Priseurs
Envoi à la Bibliothèque Nationale.

Vente du Lundi 21 Décembre 1908

HOTEL DROUOT — SALLE N° 12

(AU REZ-DE-CHAUSSÉE)

MEUBLES

ET

OBJETS D'ART

Mᵉ F. LECOCQ, *Commissaire-Priseur,*

41, RUE RICHER.

M. LE MAIRE-DEMOUY, *Expert,*

84, PASSAGE DU CAIRE.

IMPRIMERIE MAULDE ET Cie

MAULDE, DOUMENC ET Cie
IMPRIMEURS DE LA COMPAGNIE DES COMMISSAIRES-PRISEURS
Rue de Rivoli, 144

CATALOGUE

DES

MEUBLES

ET

OBJETS D'ART

Tableaux, Bronzes, Porcelaines

OBJETS DIVERS

DONT LA VENTE AUX ENCHÈRES PUBLIQUES AURA LIEU

HOTEL DES VENTES, RUE DROUOT, 9

SALLE N° 12 (au rez-de-chaussée)

Le Lundi 21 Décembre 1908

A **DEUX** HEURES **PRÉCISES**

Me Frédéric LECOCQ | **M. LE MAIRE-DEMOUY**
COMMISSAIRE-PRISEUR | EXPERT
41, Rue Richer | Passage du Caire, 64

EXPOSITION PUBLIQUE

Le Dimanche 20 Décembre 1908, de 2 heures à 6 heures

PARIS-1908

CONDITIONS DE LA VENTE

—

Elle sera faite **au comptant**.

Les Acquéreurs paieront **dix pour cent** en sus des enchères.

L'Exposition mettant les acquéreurs à même de véri-fier l'état des objets vendus, il ne sera admis aucune réclamation une fois l'**adjudication prononcée**.

MAULDE, DOUMENC et Cⁱᵉ, imprimeurs de la Cⁱᵉ des Commissaires-Priseurs
rue de Rivoli, 144.   5oo—5159i

DÉSIGNATION

1 — Meuble d'appui Louis XIV, en marqueterie et ébène, dans le genre de BOULLE.

   Ébénisterie ancienne.

2 — Très curieux Meuble de l'époque de Louis XV, formant bibliothèque-bureau à abattant et commode, en marqueterie de bois de violette et bois de rose, décoré d'une riche ornementation en bronze doré.

3 — Beau Coffre en bois de noyer sculpté, de l'époque de la Renaissance, garni de peintures et de grandes poignées en fer forgé.

4 — Torchère Louis XIV, en marqueterie de cuivre, d'écaille et d'étain.

   Ébénisterie ancienne.

5 — Grand Bureau plat Louis XVI, en bois d'acajou verni, pieds carrés à gaine, orné de bronzes dorés modernes.

   Ébénisterie ancienne.

6 — Grande Bibliothèque à deux portes, en bois
d'acajou verni, garnie de bronze dorés modernes.
Ébénisterie de l'Empire.

7 — Meuble d'appui de l'époque Empire, orné de
bas-reliefs modernes en bronze doré.
Ébénisterie ancienne.

8 — Grande Commode de l'époque Empire, en acajou
moucheté, à colonnes et chapiteaux, tiroirs à l'an-
glaise, ornée de bronzes modernes.
Ébénisterie ancienne.

9 — Grande Bibliothèque à deux portes et à colonnes,
en acajou ciré, de l'époque Empire, ornée de
bronzes dorés modernes.
Ébénisterie ancienne.

10 — Bureau à caisse et à pieds carrés, en forme de
gaine, en acajou verni, de l'époque Empire, orné de
bronzes dorés modernes.
Ébénisterie ancienne.

11 — Toilette à coiffer, de l'époque Empire, en bois
d'acajou verni.

12 — Pupitre à musique, de l'époque Empire, en bois
d'acajou avec porte-lumières en bronze doré.

13 — Deux Sphinx en bois sculpté et peint, de l'époque
de Louis XVI.

14 — Un Canapé dans le style Louis XV, recouvert de
velours jaune frappé.

15 — Canapé et Fauteuil capitonnés.

16 — Un Canapé Empire avec coussins.

17 — Deux Étagères avec consoles en fer forgé.

18 — Un petit Coffret en marqueterie, genre BOULLE.

19 — Deux Jardinières carrées, en thuya et palis-
sandre.

20 — Guéridon rond à trépied, bois décoré de l'Inde,
dessins en mosaïque.

21 — Baromètre en bois sculpté et doré, de l'époque de
Louis XVI.

    Monté par CARCANO.

22 — Petite Selle de style Louis XVI, en bois d'acajou
ciré avec tablettes entre les pieds.

23 — Fauteuil de style Louis XIV, en bois de noyer
sculpté, recouvert d'une étoffe de soie.

24 — Chaise légère de style Louis XVI, en bois sculpté
laqué, recouverte en étoffe de soie rose.

25 — Petite Selle en bois de noyer ciré, avec tablette
entre les pieds.

26 — Petit Bureau de dame, de style Louis XIV, en
bois de violette et marqueterie de satiné, orné de
bronzes dorés.

27 — Banquette de salon en bois sculpté et doré, gaine
en étoffe de soie.

28 — Selle de style gothique, à coffre bois de noyer
sculpté et ciré.

29 — Petite Table de style Louis XV, en bois sculpté, laqué blanc et doré.

30 — Petit Guéridon rond, de style Louis XVI, trépied à griffe de lion, bronze doré, tablettes de dessus et d'entrejambe en marbre.

31 — Petite Selle à trépied, en bois de noyer sculpté et ciré, décor à feuilles de chardon.

32 — Paravent Japonais, à quatre feuilles, panneaux en soie brodée, oiseaux et fleurs.

33 — Porte-Chapeaux porte-habits en bambou.

34 — Grand Cartel à potence, de style Renaissance, en bronze à canon.

Par PIAT.

35 — Statuette équestre de Louis XIV, en bronze, patine fumée, sur socle ancien en forme de piédestal, marbre rance.

36 — Groupe en terre cuite, Faune et Bacchante.

D'après CLODION.

37 — Panneau, haut-relief en bronze représentant l'Ivresse de Bacchus.

Modèle original.

Cadre acajou.

38 — Grand Buste en terre cuite, Femme en costume de l'époque de Louis XV.

39 — Statuette Philopœmen, bronze, patine fumée, sur socle marbre.

40 — Cartel de style Louis XV, d'après un modèle ancien. Bronze décor or.

41 — Statuette en bronze, Diane.

Par CARRIER-BELLEUSE.

42 — Statuette Vénus fustigeant l'Amour.

43 — Pendule de l'époque de Louis XV, en bois laqué avec décor doré.

Curieux mouvement avec sonnerie à deux timbres.

44 — Grand Vase persan en cuivre repercé et gravé.

45 — Pendule de l'époque de Louis XIV, en bois peint et doré, avec son mouvement d'horlogerie ancien.

46 — Deux Flambeaux Persans de mosquée, cuivre ajouré et gravé.

47 — Pendule ancienne de l'époque Empire : l'Amour sortant d'un chapeau placé sur un char. Bronze très finement ciselé et doré.

48 — Une Girandole de style Louis XIV, à 5 lumières, garnie de plaquettes en cristal taillé.

49 — Une Girandole de style Louis XIV, à pied rond, 5 lumières, garnie de plaquettes cristal taillé.

50 — Deux Colonnes anciennes, de style corinthien, en spath fluor et marbre blanc, ornées de bronzes dorés.

51 — Deux Candélabres à 8 lumières dans le style Louis XIV, les pieds ornés de consoles à têtes de Femme, bronze doré.

52 — Deux grands Candélabres de style Louis XVI, à 7 lumières, en forme de cassolette supportée par trois Sphinx ; 4 lumières à l'électricité, 3 pour la bougie ; bronze doré.

53 — Petit Bougeoir de l'époque Empire, à patte en forme de Dauphin.

54 — Lampe portative électrique à deux usages.

55 — Lampe électrique renversée de style Louis XV, bronze doré.

56 — Trois petits Bas-Reliefs, d'après CLODION, sur fond d'acajou.

57 — Un grand Garde-Feu en fer forgé de style Louis XV avec médaillon et personnages en fonte.

58 — Un Porte-Pelle et Pincettes avec ses accessoires.

59 — Deux Girandoles à 5 lumières de style Louis XIV. Reproduction d'un modèle de BÉRAIN ; bronze doré.

60 — Bougeoir à cacheter, Sphinx assyrien en bronze, sur socle en marbre bleu turquin.

61 — Deux Lustres Empire, à 8 lumières, garnis de cristaux en forme de panier.

Ont été disposés pour recevoir des lampes électriques.

62 — Médaillon en bronze, Chevreul.

63 — Bas-Relief bronze, Chapelle Sixtine.

64 — Bas-Relief bronze, Vierge au lys.

65 — Veilleuse de style Louis XVI, à 3 lumières, bran-
ches à tête de Satyre.

66 — Bras de style Louis XIV, à 7 lumières, garni de
plaquettes en cristal taillé, bronze doré.

67 — Deux Bras de style Régence, à 3 lumières en
contrepartie, appliques à chutes de fleurs.

68 — Grand Plafonnier de style Louis XVI, en forme
de panier, garni de perles en cristal et orné de quatre
gros flambeaux à torche électrique. Bronze décors or.

69 — Deux Bras à 3 lumières de style Louis XVI,
appliques en forme de gaine et à vase, bronze doré.

70 — Petit Lustre 6 lumières, garniture octogone en
cristal.

71 — Bras en fer forgé, à 2 lumières opposées en forme
de fleurs relevées au marteau, pour l'électricité.

72 — Flambeau en fer forgé sur console, formant bras
de lumière, pour l'électricité.

73 — Deux Chenets de style Louis XIV, en forme de
vase sur trépieds, bronze poli.

74 — Miroir ovale pour salon.

75 — Deux Chenets de style Louis XV, Enfants sur
char, bronze décor or.

76 — Deux Médaillons Tourterelles, en porcelaine à
fond bleu, genre Sèvres, avec cadres ovales, bronze
doré de style Louis XVI.

77 — Deux Statuettes en biscuit : L'Amour affutant ses
flèches ; L'Amour bandant son arc, sur socle en
bronze doré.

78 — Statuettes terre cuite, César à cheval, d'après
l'antique.

79 — Statuettes terre cuite, Faune assis, d'après l'antique.

80 — Petite Statuette en terre cuite, reproduction d'une
figure de Tanagra.

81 — Statuette terre cuite, L'Abondance, reproduction
d'une figure de Tanagra.

82 — Statuette en biscuit, Baigneuse, sur socle carré,
bronze doré.

83 — Vase en biscuit, de style Louis XVI, orné de
guirlandes de laurier, anse recollée.

84 — Groupe en biscuit, Doux propos.

85 — Médaillon portrait de Femme, en porcelaine
genre Sèvres, avec cadre à ruban, bronze doré de
style Louis XVI.

86 — Plumier en laque du Japon, monture en bronze
doré de style Louis XV.

87 — Encrier bronze, tête de Diable.

88 — Orange en pyrite sur socle, en spath-fluor vert.

89 — Un Bas-Relief, buste de Jean-Jacques Rousseau, sur fond d'albâtre oriental.

90 — Presse-Papiers Enfant à genoux, en bronze, sur marbre.

91 — Un Encrier dans le genre moderne.

92 — Statuette Sacré Cœur de Jésus, en bronze vieil argent, sur socle marbre rouge antique.

93 — Une petite Statuette, Vénus de Milo, en bronze sur fût de colonne rouge antique.

94 — Petit Chat en bronze.

95 — Très joli Motif en bois de poirier délicatement sculpté et posé sur un fond de velours avec cadre.

TABLEAUX, GRAVURES, CADRES

96 — Petite Gouache de l'époque de Louis XVI, représentant un Paysage surmonté d'un temple à l'antique.

Cadre bois doré ancien.

97 — Petit Panneau en vernis Martin, sur fond or, sujet pastorale.

98 — Gravure en couleur de l'époque Louis XVI, représentant des Baigneuses.

Cadre ovale en bois.

99 — Peinture à la gouache d'époque ancienne, représentant l'Amour sur un char, accompagné par des
nymphes.

Primitivement cette peinture était destinée à un
éventail.

100 — Dessin au crayon représentant une Femme en
costume Directoire.

Cadre ancien, bois doré.

101 — Petit Tableau de l'époque de Louis XVI, représentant un chasseur surprenant une nymphe.
l'Amour, dans les airs, décoche une flèche.

102 — Petit Tableau de l'époque de Louis XVI, représentant un personnage offrant un miroir à une
baigneuse surprise dont l'Amour soulève le voile.

103 — Petit Tableau de l'époque de Louis XVI, représentant des enfants mangeant des raisins et accom-
pagnés de chiens.

Cadre bois doré.

104 — Un Tableau : Jeune Fille à la gerbe.

105 — Un Tableau ancien représentant des bergers au
pied de ruines, avec cadre bois doré et sculpté.

106 — Pastel représentant une Femme couchée, en
costume de l'époque Louis XV.

107 — Deux Tableaux comprenant chacun dix costumes de la Restauration.

108 — Grande Miniature représentant une Sainte martyre. Cadre bois sculpté et doré.

109 — Deux Gravures encadrées : la Félicité Villageoise ; la Gaieté conjugale.

110 — Un Panneau peinture : Coquelicots et Bleuets.

111 — Une Gravure avec cadre : Judith et sa servante.

112 — Un Tableau : Merveilleux et Merveilleuse.

113 — Deux Aquarelles : Marchand de coco et Porteur d'eau.

114 — Gravure avec cadre : le Jugement de Pâris.

115 — Quatre petits Cadres anciens en bois sculpté.
Haut.: 0^m18 ; 0^m19 ; 0^m30 et 0^m34.

116 — Trois petits Cadres en acajou.

117 — Quatre petits Cadres sculptés bois naturel.

118 — Cadre ovale en bois noir garni d'ornements en cuivre.

119 — Deux Cadres bois sculpté.

120 — Deux Cadres, un doré, un laqué blanc.

121 — Un Cadre noyer.

122 — Un Panneau trompe-l'œil.

123 — Six Cadres bois noir.

PORCELAINES ET GRÈS

124 — Un lot de dix-neuf Assiettes en ancienne porcelaine de Saxe.

125 — Petit Vase trapu en grès flammé, de DALPEYRAT.

126 — Vase rosé à quatre lobes, grès flammé, de GLATIGNY.

127 — Petit Vase à quatre anses, grès flammé à reflets métalliques, de DESMANT.

128 — Vase en grès rouge, à reflets métalliques, à quatre anses torses.

129 — Statuette : Le Mendiant, grès flammé, par DALPEYRAT.

130 — Deux petits Vases, porcelaine à décors marbre, monture en bronze doré de style Louis XVI.

131 — Flambeau en porcelaine de Wedgwood, dans le style Empire.

132 — Boîte à onguent, porcelaine à décors bleu et blanc.

133 — Vase grès flammé avec monture bronze doré, bambous.

134 — Gourde en grès flammé, de Dalpeyrat, monture en forme de cordes, bronze doré.

135 — Deux Cruchons à couvercle, faïence italienne.

136 — Plateau faïence italienne dans le style de la Renaissance : Apollon et Daphné.

137 — Fontaine d'applique avec bassin en faïence, de style Louis XV, faïence décors bleu.

138 — Trois grands Plateaux en laque du Japon.

139 — Deux petits Plateaux en laque du Japon.

140 — Un lot de Porcelaines modernes du Japon.

141 — Un lot de Bronzes modernes du Japon.

DIVERS

142 — Ancien Fusil à mèche.

143 — Fusil français à pierre, manufacture Royale, 1820.

144 — Fusil américain de Springfield.

145 — Fusil anglais Remington, 1886.

146 — Fusil français à piston, Tulle, 1854.

147 — Une paire de Patins.

148 — Un Kodak.

149 — Grand Panneau, imitation de tapisserie en toile peinte, représentant un paysage avec personnages dans le style de Louis XV.

150 — Deux lots de Tentures peluche de lin grenat.

151 — Un lot de Tentures peluche de lin bleue.

152 — Un lot de Rideaux et d'Embrasses.

153 — Une grande Carpette.

154 — Un lot de Tapis.

www.ingramcontent.com/pod-product-compliance
Lightning Source LLC
LaVergne TN
LVHW021924180726
843502LV00008B/3242